Género Ficción realista

Pregunta esencial

¿Cómo ayudan las experiencias compartidas a adaptarse a los cambios?

Arturo y la máquina de atrapar imágenes

Manuel Fernando Camperos
ilustrado por Javier E. Pérez

Capítulo 1

Un proyecto de clase

—¡Arturo, ni una foto más! Las puedes tomar en la tarde —me dice mamá preocupada porque, si no me apuro, llegaré tarde al colegio. ¡Me encanta la fotografía! Apenas llegan a mi ventana los primeros rayos de sol, e iluminan mis juguetes, saco la cámara y empiezo a tomar fotografías en toda la habitación. Mis papás me regalaron la máquina en el último cumpleaños.

—¡Ya voy, mamá! ¡Solo una foto más! —le respondo y me apresuro a tomar las últimas imágenes en mi habitación.

Tomo algunas en el pasillo. ¡Es perfecto! Está lleno de plantas y de flores. También hay dibujos y pinturas de papá. Creo que a él le encanta pintar tanto como a mí me gusta la fotografía.

Por último, tomo fotos en la escalera. Allí, con mucho cuidado, retrato a Sésamo, mi perro, que siempre pone la cabeza sobre su escalón favorito. Es como un resguardo para él. Mientras lo hago, sueño con llegar a ser un fotógrafo reconocido. Imagino que publicarán mis obras en libros y revistas y, quién sabe, tal vez logre ganar un premio. Puedo escuchar al jurado del concurso: "La imagen ganadora es *Sésamo en la escalera* tomada por Arturo Álvarez". Los asistentes aplauden mientras voy a recibir el premio.

Aunque, pensándolo bien, más que ganar premios me gustaría recorrer todo el mundo y conocer personas de muchos lugares. ¡Sería tan emocionante!

Durante el desayuno les confío a mis papás mi sueño de ser fotógrafo y ellos están de acuerdo en que debo practicar mucho, leer manuales, observar la obra de artistas reconocidos y aprender varias técnicas.

Mis papás creen que una buena forma de practicar es realizar salidas los fines de semana. Así que, a partir de ahora, haremos pequeñas travesías en búsqueda de imágenes nuevas.

Unos fines de semana iremos al campo; otros, a ciudades cercanas. Los tres pasamos ratos muy agradables. Pienso que sería muy divertido que mis papás me acompañaran a los diferentes lugares que visitaré cuando sea grande.

Me imagino paseando con ellos en las sabanas de África. O escalando montañas muy altas para ver y fotografiar a las cabras montesas mientras saltan de una roca a otra.

En clase de Estudios Sociales hablamos con el maestro de nuestras raíces y la historia de las familias. Nos cuenta un interesante relato sobre su abuela, que era cantante de música góspel. Nos dice que en la casa de sus padres tienen guardadas unas grabaciones suyas. Cuando las escucha, se emociona tanto que su corazón late como un tambor.

También nos cuenta que ella le enseñó todas las canciones de su infancia y que ahora él se las está enseñando a sus hijos para que no olviden sus orígenes ni sus tradiciones.

El maestro nos asigna como tarea buscar los objetos más antiguos de nuestras casas, escribir su historia y hacer su registro fotográfico.

¡No podría estar más contento! Les podré mostrar a mis compañeros un pequeño ejemplo de mi trabajo fotográfico. ¡Eso me parece genial!

Al llegar a casa, les comento a mis papás sobre mi tarea. Ellos también se emocionan, así que deciden acompañarme a buscar objetos antiguos que cuenten algo de la historia de nuestra familia. ¡Qué solidarios son!

Con mucho detenimiento, y en la compañía de Sésamo, empezamos a caminar mamá, papá y yo por toda la casa.

Recorremos todas las habitaciones, la cocina, los baños y terminamos en el jardín. Allí, fatigados, nos sentamos a ver el atardecer mientras tomamos una limonada fría para calmar la sed. Sésamo excava un poco la tierra hasta que cae rendido junto a mí.

Llega la noche y las estrellas empiezan a salpicar el firmamento. Jugamos a identificar figuras. Mi mamá, que es muy imaginativa, empieza a inventar constelaciones. Señala una zona en el cielo y exclama divirtiéndonos mucho:

—Y esta, señores, es la constelación del Conejo Saltarín.

Cenamos y nos vamos a dormir con la esperanza de que al día siguiente sí encontremos el objeto que necesito fotografiar para mi tarea de Estudios Sociales.

Capítulo 2
Un par de anteojos

La mañana se asoma por mi ventana. Con los primeros rayos de luz, un nuevo mundo de posibilidades se abre ante mis ojos. Los rayos juguetones se mezclan con las ramas de los árboles y forman imágenes de sombras. Me entretengo un rato con eso, hasta que recuerdo mi tarea, así que me levanto de un salto.

Desayuno, me cepillo los dientes, tomo mi cámara, saludo a Sésamo y vuelvo a recorrer la casa. Esta vez me fijo en algo que no había notado antes: en la sala hay un garrafón bastante antiguo.

—¡El garrafón de la tatarabuela! ¡Cómo no se me había ocurrido! Si ayer pasamos muchas veces por este lugar —les dije a mis papás con gran alborozo.

Mi mamá se acerca sonriendo y me dice:

—¿Sabías que tu tatarabuela llevaba agua desde una fuente cercana a su casa en este garrafón?

Asombrado, le pregunto a mi mamá un poco más acerca de esta reliquia familiar.

Ella me cuenta que a mediados del siglo XIX, en tiempos de la tatarabuela, no había acueducto en la ciudad y el agua era muy escasa, por eso tenía que caminar un largo trecho hasta la fuente. Pero todo cambió cuando el agua potable y el acueducto llegaron a la ciudad.

Aunque la tatarabuela ya tenía agua en su casa, decidió guardar el garrafón porque le parecía muy bonito. Además, ella misma lo moldeó en barro y luego lo coció en un horno de leña. Años después, su hija heredó el garrafón y ella lo volvió a heredar a sus descendientes, y así hasta que esta reliquia llegó a nuestra casa.

La historia del garrafón me parece fascinante y el objeto, al que antes había prestado poca atención, me empieza a encantar. Ya tengo la historia, así que empiezo a acomodar todo para que la fotografía quede perfecta.

Con ayuda de mamá sacudimos el polvo del garrafón y movemos algunos muebles para que la luz pueda entrar a la sala.

Hasta papá, a quien le disgusta aparecer en fotografías, va a sostener nuestro tesoro. A los tres nos emociona plasmar tan bella historia en imágenes y palabras.

Todo está listo para tomar la imagen perfecta: la iluminación y el ambiente están a mi favor. Solo falta el clic de mi cámara y este momento perdurará para siempre. Sin embargo, algo falla. Por algún motivo la imagen de la cámara está desenfocada, no la puedo ver con claridad.

—No sé qué pasa, la cámara no está enfocando bien —les digo a mis papás con preocupación.

—Es posible que el lente esté sucio —sugiere papá.

Él toma la cámara y limpia el lente con un paño especial. Vuelvo a mirar, pero la imagen sigue desenfocada.

—Déjame ver un momento —solicita mamá.

Después enfoca el garrafón con la cámara y me dice:

—¿Sigues viendo borrosa la imagen? Porque yo la veo bastante bien.

Confundido, miro de nuevo a través del lente y le confirmo a mis papás que las figuras no se ven nítidas.

Mamá se queda pensativa un momento mientras yo sostengo en mis manos la cámara y la miro con detenimiento. Me observa y me dice:

—Arturo, creo que el lente está perfecto. Tal vez el problema está en tus ojos.

—¿Mis ojos? ¡Pero si ayer estaban bien! —respondo desconsolado—. Esto no puede estar sucediendo, y menos de un día para otro. ¡Es imposible!

—A veces pasa, hijo —dice papá—. Pero no te preocupes. Iremos al doctor y sabremos con certeza qué ocurre —agrega.

Les suplico a mis papás que vayamos al médico más tarde, porque de lo contrario perderé la hermosa luz de la mañana. Pero ellos se niegan e insisten en que pronto debemos ir a visitar al oftalmólogo, es decir, el médico de los ojos.

En menos de lo que canta un gallo, los tres estamos sentados en la sala de espera del consultorio del doctor Fuentes, el oftalmólogo.

Él examina mis ojos con una pequeña linterna. Luego me pone unos anteojos grandes, redondos y pesados, a los que quita y pone lentes. Unos son delgados; otros, más gruesos. Eso me marea un poco. Después de los exámenes me dice que, de ahora en adelante, tendré que utilizar un par de... ¡anteojos! Esa noticia me tomó por sorpresa. Aún tengo la esperanza de que sea una equivocación y que el lente de mi cámara esté sucio o empañado, pero el doctor confirma el resultado de los exámenes.

¡Ah! ¡No lo puedo creer! Eso quiere decir que tendré que utilizar un par de lentes para leer, caminar, ir a la escuela y tomar fotografías. ¿Cómo podré tomar fotografías con anteojos? ¿Cómo haré las fotografías de África y de sus sabanas? No podré retratar ni el más pequeño aguilucho.

"No existen fotógrafos que usen anteojos. Nunca he visto uno que lo haga", pienso.

El doctor y mis papás me dicen que es lo mejor, que me sentiré extraño los primeros días, pero que en poco tiempo me acostumbraré a ellos.

Cuando salimos del consultorio una pregunta ronda mi cabeza: ¿Qué será de mi carrera como fotógrafo?

Capítulo 3

El recuerdo del abuelo

De regreso a casa en el auto, aún me siento muy triste. Mis papás intentan subirme el ánimo de muchas formas pero, la verdad, me siento mal con la noticia de que deberé usar anteojos. Mamá empieza a contar chistes; pero esta vez no me provocan risa, como de costumbre. Papá hace muecas divertidas. Tampoco funcionan.

Trato de recordar algún fotógrafo con anteojos y no lo logro. Así que le pregunto a mis papás:

—¿Creen ustedes que los anteojos me permitirán ser un buen fotógrafo?

Papá se queda pensando un largo rato y de repente, como si se hubiera encendido una lucecita en su cabeza, dice:

—¡Ya sé qué necesitas! —Sigue conduciendo sin añadir nada más.

—¿A qué te refieres, papá? ¿Qué es lo que necesito? —le pregunto con curiosidad.

—No te preocupes. Te mostraré algo que te tranquilizará. Confía en mí.

Estoy muy intrigado y no sé qué va a pasar. Seguimos en silencio un par de minutos más y… llegamos a casa. Ahora estoy mucho más intrigado; pensé que me iba a mostrar algo diferente en un lugar distinto.

—Sabes, hemos buscado por todos los rincones de la casa objetos antiguos heredados de nuestra familia, pero no lo hemos hecho en la cochera. Allá tenemos unos cuantos tesoros, sé que te van a encantar —añade papá.

En ese momento, mamá hace un gesto, como si lo hubiera entendido todo. Entramos a la cochera y él empieza a buscar algo en medio de un montón de cajas de todos los tamaños. Como no encuentra rápidamente lo que busca, repite todo el tiempo: "¿Dónde lo habré puesto?"

Pasan varios minutos y papá no deja de revolver cajas ni de desordenar la cochera. Mamá, que lo observa entretenida, decide ayudarlo.

Después de unos minutos de búsqueda, mamá nos comunica con un grito de alegría que ha encontrado lo que buscaban:

—¡Yupi! ¡Aquí está! ¡Sabía que lo había guardado por estos lados! Mi memoria no puede estar tan mal. Recordaba haberlo dejado cerca de la bicicleta en la que aprendiste a montar. ¡Te veías tan guapo con tu casco y tus rodilleras!

Mi curiosidad aumenta. Mamá da media vuelta. En sus manos tiene un baúl. Es de madera con algunos detalles en cuero. En su tapa tiene grabadas las letras *A F* en un llamativo color dorado.

—¿Sabes qué guardamos aquí, Arturo? —me pregunta papá con una gran sonrisa en sus labios.

La verdad, no tengo la menor idea de qué podría tener el baúl en su interior, así que sacudo mi cabeza de lado a lado.

—Este baúl perteneció a tu abuelo. Lo hemos guardado todo este tiempo y queremos que lo abras.

Estoy muy intrigado. ¿Qué habrá dentro?

Abro lentamente la tapa y lo que encuentro me produce una gran sonrisa y unas ganas locas de saltar por toda la cochera.

Detective del lenguaje

En la oración subrayada, "mi" es un adjetivo posesivo. Busca otros adjetivos posesivos en esta página.

Encuentro dos cuadernos de apuntes, una brújula y unos mapas antiguos de África y Asia. ¡Todo esto pertenecía a mi abuelo! También hay una serie de fotografías de varios lugares del mundo que el abuelo tomó durante años. Sésamo comparte esta gran alegría conmigo y empieza a ladrar. Los dos saltamos de un lado para otro en la cochera.

Estoy maravillado y papá me dice:

—A tu abuelo también le encantaba tomar fotografías. Llevaba su cámara fotográfica a todos los lugares que visitaba.

Empiezo a escudriñar en la caja y cada detalle me dice algo más sobre mi ancestro. De repente, algo brilla en una esquina del baúl: un par de anteojos antiguos. ¡Eran del abuelo!

No puedo creerlo. ¡El abuelo usaba anteojos! De inmediato me siento más cómodo con mis nuevos lentes y les doy un fuerte abrazo a mis papás por darme un regalo tan maravilloso. Para recordar siempre este momento, tomo una fotografía en la que aparecemos todos junto al baúl, incluso Sésamo.

Por fin llega el lunes. Es el momento de presentar mis fotografías. Paso al frente de la clase con mis nuevos anteojos y cuento la historia de mi familia.

"Qué bien se sienten. Todo se ve claro y brillante", pienso y sonrío.

Muestro la foto del garrafón de mi tatarabuela y también las que tomó mi abuelo alrededor del mundo. Me siento muy orgulloso de mi familia y les digo a mis compañeros que cuando sea grande me gustaría atrapar imágenes tal y como lo hizo mi abuelo.

Detective del lenguaje

Busca en esta página el pensamiento de un personaje. ¿Cómo lo identificas?

Resumir

Usa los detalles más importantes de *Arturo y la máquina de atrapar imágenes* para resumir el cuento. Puedes usar el organizador gráfico como ayuda.

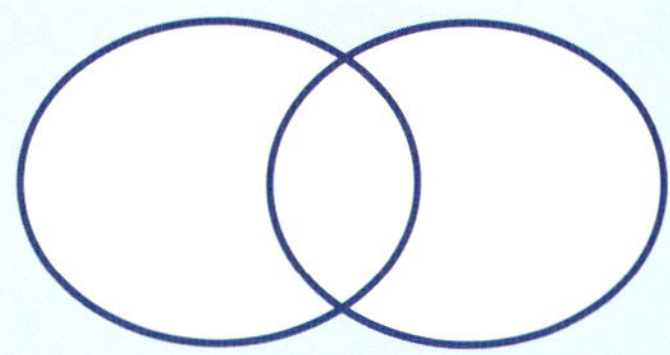

Evidencia en el texto

1. ¿Qué características te indican que el cuento es ficción realista? **GÉNERO**

2. ¿Cómo se sentía Arturo con sus anteojos antes de ver el baúl del abuelo? ¿Cómo se sintió después? **COMPARAR Y CONTRASTAR**

3. En la página 10, ¿cuál es el significado de la frase "en menos de lo que canta un gallo"? Usa claves de contexto para encontrar su significado. **MODISMOS**

4. Escribe cómo te han ayudado las personas que te rodean a adaptarte a algún cambio, así como lo hicieron los papás de Arturo en el cuento. **ESCRIBIR SOBRE LA LECTURA**

Género Texto expositivo

Compara los textos

Lee acerca de la escena musical en Chicago en la década de 1930.

Chicago: Central del *jazz*

En el cuento *Tiempos difíciles*, John Tillerman conoció a Louis Armstrong, uno de los mejores trompetistas de *jazz* de todos los tiempos. En 1922, Armstrong se mudó de Nueva Orleans a Chicago. Su mudanza formó parte de un fenómeno conocido como la Gran Migración.

Entre 1910 y 1930, la población afroamericana de los estados del norte creció cerca de un 40%. Allí, había menos discriminación y las personas podían encontrar mejores escuelas para sus hijos. Había más oportunidades de empleo gracias a las nacientes industrias.

Las perspectivas laborales atrajeron a muchos músicos talentosos a Chicago. Ellos llevaron consigo un estilo musical, llamado *jazz,* que se había desarrollado en Nueva Orleans. Era una mezcla de *blues*, *ragtime* y góspel.

Louis Armstrong grabó éxito tras éxito durante cinco décadas.

La popularidad del *jazz* creció rápidamente. Entre 1915 y 1929 había más de 40 clubes de *jazz* en el sur de Chicago.

Después llegó la Gran Depresión. Como menos personas iban a los clubes, los músicos perdieron sus empleos. Louis Armstrong fue uno de los muchos que partió hacia la ciudad de Nueva York, aunque seguía tocando en ciudades de todo Estados Unidos, incluida Chicago. Las personas quemaban los viejos discos en las hogueras para darse calor y los músicos luchaban por sobrevivir igual que todos los demás.

Las cosas mejoraron un poco a mediados de la década de 1930. La Gran Depresión aún absorbía al país. La gente tenía poco dinero para ir a los clubes, pero la radio transmitía música. Nadie fue más popular entre los oyentes que Benny Goodman y su *big band*. Ellos tocaban una variación del *jazz* llamada *swing*.

EL *JAZZ* Y EL *HIP HOP*

Las personas han llamado al *jazz* "el *hip hop* de su tiempo". Los dos estilos musicales surgieron de las comunidades afroamericanas urbanas y pobres. El *jazz* era rápido, salvaje y tan diferente a la música anterior que inquietó a la gente. El *hip hop*, con su fuerte bajo y letras provocadoras, también desagradó a algunas personas.

Al principio, cada ritmo musical solo se tocaba en esas comunidades urbanas afroamericanas, pero con el tiempo otras personas empezaron a apreciar esta música. Ahora gente de todo el mundo escucha *jazz* y *hip hop*.

El *swing* era rápido, alegre y divertido de bailar. Justo el tipo de música para levantar el ánimo de la gente en tiempos difíciles. Millones de personas, que nunca antes habían escuchado *jazz,* empezaron a llenar de nuevo los salones para bailar temas como *Susy Q, Big Apple* y *Lindy Hop*.

Con el tiempo, otros estilos de música surgieron a partir del *jazz*, incluido el *rock and roll*, el *rhythm and blues* y el *pop*. El *jazz* es muy popular en la actualidad y Chicago continúa siendo un próspero centro musical.

El *swing* se hizo popular especialmente entre los adolescentes.

Haz conexiones

¿Cómo se adaptó la gente de Chicago a los cambios económicos en la década de 1930? **PREGUNTA ESENCIAL**

Compara el papel de la fotografía para el protagonista de *Arturo y la máquina de atrapar imágenes* con el del *jazz* para músicos como Louis Armstrong en *Chicago: Central del jazz.* **EL TEXTO Y OTROS TEXTOS**

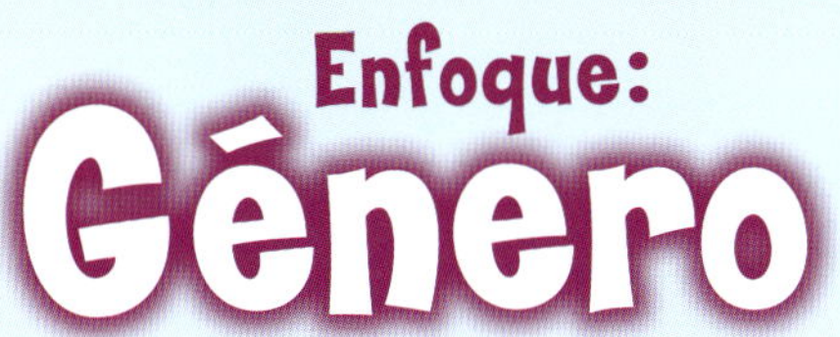

Ficción realista La principal característica de la ficción realista es que narra sucesos que pueden ocurrir en la vida real. Este tipo de relatos ocurren en lugares que pueden existir y sus personajes tienen características reales.

Lee y descubre Vuelve a leer el capítulo tres del cuento *Arturo y la máquina de atrapar imágenes.* Arturo está triste porque el médico le recetó anteojos, pero sus papás intentan animarlo. Ellos buscan un antiguo baúl guardado en el sótano y él encuentra en su interior algo que le va a encantar y que lo ayudará a sentirse seguro con sus anteojos.

Tu turno

¿Cuál es el objeto más antiguo de tu casa? Haz un dibujo, investiga y escribe su historia. ¿Dónde lo obtuvo tu familia? ¿En qué época? Lee el relato a tus compañeros de clase.